AUTOR: DIETRICH BONHOEFFER

El curso de Discipulado

Cuaderno de trabajo

NOMBRE DEL ALUMNO:

_____

PALABRA PURA
palabra-pura.com
2022

El curso de discipulado: *la versión completa del costo del discipulado.*

CUADERNO DE TRABAJO

Copyright © 2022 por Eliud Montoya.

Todos los derechos reservados.

Derechos internacionales reservados.

ISBN: 978-1-951372-33-0

Las citas bíblicas de esta publicación han sido tomadas de la Reina-Valera 1960™ © Sociedades Bíblicas en América Latina, 1960. Derechos renovados 1988, Sociedades Bíblicas Unidas. Utilizado con permiso.

Ninguna parte de este manual puede ser reproducida en ninguna forma por medios mecánicos o electrónicos, incluyendo almacenaje de información y sistemas de reproducción sin permiso previo por escrito del autor.

Creación del cuaderno de trabajo basado en el libro de texto *El curso de discipulado: la versión completa del costo del discipulado.* Copyright © 2019.

Elaboración, diseño de portada y formato: Iuliana Sagaidak Montoya
Editorial: Palabra Pura, palabra-pura.com
CATEGORIA: Religión / El ministerio cristiano / Discipulado

INTRODUCCIÓN

1. Queremos escuchar las palabras de _____ cuando escuchamos un sermón.
2. En el _____, el ser humano es liberado del duro yugo de sus propias leyes al tiempo que se somete al ligero yugo de _____.
3. Los mandamientos de Jesús se vuelven duros e inclusive inhumanos para los que se _____ _____ a seguirle, sin embargo, para los que voluntariamente _____ _____, esos mismos mandamientos son suaves y fáciles de cumplir.
4. Jesús no nos exige nada sin darnos la fuerza para lograrlo.
   ☐ Cierto   ☐ Falso
5. ¿Cuál es el fin de los mandamientos de Jesús? _____ _____ _____.
6. Las siguientes dos preguntas son preguntas abiertas para hacerse dentro del grupo; son preguntas de opinión y no se califican. Mas tarde, al avanzar en el conocimiento del texto, volveremos a hacer estas mismas preguntas.
A) ¿Qué significa el discipulado y el llamado a imitar a Jesús para el trabajador, para el hombre de negocios, para el agricultor, para el militar..? ___ _____ _____ _____.
B) ¿Podrían estos mandamientos traer un conflicto insoportable para la existencia de personas comunes que trabajan en el mundo, quienes, además, han decidido abrazar el cristianismo? _____ _____ _____ _____.
7. El cristianismo está circunscrito tan sólo a un pequeño número de personas.
   ☐ Cierto   ☐ Falso
8. Debajo de la cruz estaban todos: los enemigos y los _____, los incrédulos y los _____ …; y todos ellos fueron incluidos cuando Jesús oró: «_____ _____».
9. El discipulado es gozo.
   ☐ Cierto   ☐ Falso
10. Necesitamos caminar por el camino estrecho que es la adherencia a la Iglesia del Señor, y al mismo tiempo permanecer dentro del espacioso amor de Cristo: amor por el pecador, pues de lo contrario transitaremos por _____ _____.
11. «Venid a mí todos los que estáis trabajados y cargados, y yo os haré _____. Llevad mi yugo sobre vosotros, y aprended de mí, que soy _____ de corazón; y hallaréis _____ para vuestras almas; porque mi yugo es _____, y _____ mi carga» (Mateo 11:28ss).

CAPÍTULO 1

LA GRACIA COSTOSA

1. La gracia barata es el _____ de nuestras iglesias. Por lo tanto, tenemos que luchar diariamente por la _____.

2. La gracia barata es una doctrina que nos enseña que la cuenta derivada de la ley se ha _____, que ya no debemos nada y todo es así _____. Sus características son: esclavitud, falta de _____, falta de consuelo y la pérdida de los _____ _____.

3. ¿Por qué la gracia barata es la justificación del pecado, pero no del pecador? _____ _____ _____ _____.

4. La gracia barata hace que el cristiano tenga que resignarse a vivir como el mundo por el bien de la gracia; porque el mundo ha sido justificado por gracia, el cristiano no debe luchar contra ella.
   ☐ Cierto   ☐ Falso

5. Llena los blancos de la tabla:

a) *en un campo, por el cual un hombre va y con gusto vende todo lo que tiene; de gran precio, por la cual un comerciante da todo cuanto posee*

b) *baratija, de perdón, de consuelo*

c) *la doctrina correcta, arrepentimiento libre*

d) *el pecado, al pecador [arrepentido]*

e) *su yugo, yugo, ligera su carga*

f) *pecado, pecador*

Gracia barata	Gracia costosa
La gracia barata significa aquella que se vende en el mercado como _____: esclavitud, falta ___ _____, falta _____ y la pérdida de los sacramentos auténticos.	Es el tesoro escondido _____ _____ _____ _____; es la perla _____ _____ _____ _____.
La gracia barata enseña que el quien tiene _____ _____ de la gracia, por sólo tenerla, es que obtiene la gracia. En tal iglesia ningún _____ es necesario, ni mucho menos ningún deseo real de ser _____ _____.	Es costosa porque condena _____, y es gracia porque justifica _____ _____.
La gracia barata justifica al _____, pero no al _____.	La gracia es costosa porque obliga al hombre a seguir a Jesucristo llevando _____; pero es gracia porque este _____ es fácil, y _____ _____.

6. Si el cristiano obedece a las enseñanzas de la gracia barata, el no sigue a _____, sino más bien, se conforma con la consolación de una _____ _____ alcanzada.

7. ¿Por qué en la gracia barata hay justificación del pecado, pero no del pecador? _____ _____ _____.

8. La gracia barata predica que existe gracia sin _____ _____, bautismo sin _____, santa cena sin _____, absolución sin _____.

9. ¿Quién pago el precio de la gracia costosa? ¿Por qué es tan costosa? _____ _____.

10. La gracia costosa es el santuario de Dios que debe ser protegido del mundo, y no arrojado a los perros.
    ☐ Cierto ☐ Falso

11. Las dos veces que Jesús llamó a Pedro diciendo «¡Sígueme!» fue a la orilla del mar de Galilea.
    ☐ Cierto ☐ Falso

12. Con la difusión del cristianismo y la creciente secularización de la Iglesia, el conocimiento de la gracia costosa se fue _____ _____.

13. Los primeros monasterios fueron la protesta contra la _____ _____ _____.

14. Pero después la vida monástica se convirtió en un _____ _____.

15. Consecuentemente, se crearon así dos caminos: un camino difícil, con un nivel máximo de obediencia (el camino monástico); y otro camino mas ligero (para los demás miembros de la Iglesia).
    ☐ Cierto ☐ Falso

16. Así, cada vez que la Iglesia fuera acusada de ser demasiado secular, ella podría simplemente señalar la posibilidad del _____ _____ dentro de la Iglesia, al tiempo de justificar la otra posibilidad del _____ _____ para los demás.

17. Fue a través del monasterio que Dios revivió el evangelio de la gracia pura y costosa a través de su siervo _____, en la Reforma.

18. El monacato había transformado el humilde trabajo del _____ en un trabajo meritorio para los _____; y el renunciamiento propio (requisito del auténtico cristianismo) se convirtió en un _____ _____, presente al pertenecer a un selecto _____.

19. Martín Lutero regreso del monasterio al mundo porque el seguir a Jesús tenía que ser vivido viviendo en el mundo.
    ☐ Cierto ☐ Falso

20. Lutero enseñó que el hombre no puede compadecer ante Dios, ni siquiera mostrando sus obras y formas religiosas más excelentes, porque en el fondo, en su razón, normalmente busca el interés de su prójimo y de Dios mismo.
    ☐ Cierto ☐ Falso

21. ¿Cómo la gracia costosa de Martin Lutero se convirtió en la gracia barata enseñada por sus seguidores? Lutero había dicho que la gracia sola _____; sus seguidores tomaron su doctrina y la aplicaron _____. Sin embargo, ellos muy pronto dejaron a un lado lo que él había dado por sentado: la _____ _____.

22. Compara que sucederá si la gracia es el *resultado* o el *requisito* para mi vida cristiana en la tabla siguiente:

Si la gracia es el *resultado* de mi vida cristiana, entonces …
_____

Si la gracia es un *requisito* para mi vida cristiana, entonces …
_____

23. ¿En qué consistía la gracia costosa de Martin Lutero? En la toma del _____, al tiempo que el discípulo hacía su última y más radical renuncia a _____; y todo esto fue el resultado del trabajo _____ y no del _____.

24. El mundo entero se ha vuelto «cristiano» bajo la gracia barata, pero ¿cuál fue su costo? _____ _____.

25. La gracia barata reduce mi compromiso como cristiano a simplemente salir del espacio del mundo para entrar y permanecer por _____ en la iglesia, tan sólo para confirmar allí que _____ _____.

26. La gracia costosa es una condición, el requisito para poder vivir la vida cristiana, no el resultado.
☐ Cierto ☐ Falso

27. La frase «somos justificados sólo por gracia» se puede usar tanto respecto a la gracia costosa como para la gracia barata.
☐ Cierto ☐ Falso

28. Sólo aquel que lo ha dejado _____ _____ verdaderamente puede decir que es justificado sólo por gracia.

29. ¿Qué significan las palabras de Lutero «Sé un pecador y peca valientemente, pero más valientemente aún cree y regocíjate en Cristo»?
_____.

30. ¿De qué se habla en la siguiente frase? «En lugar de abrirnos el camino hacia Cristo, nos lo cerró. En lugar de darnos éxito en nuestro caminar cristiano, nos endureció en nuestra desobediencia» _____ _____.

31. Una vez que el hombre se apodera de la gracia barata se siente fuerte en poseerla, sin embargo, no se da cuenta que _____ _____.

CAPÍTULO 2

EL LLAMADO AL DISCIPULADO

1. La respuesta del discípulo al llamamiento de Jesús no es una confesión de fe en Jesús, sino _____.

2. La razón humana nos dice que en medio del llamado y de la obediencia debería haber algo más, ¿Cómo qué? _____ _____ _____ _____.

3. Sólo hay una razón válida a la obediencia inmediata al llamamiento: _____ _____.

4. El sólo hecho de que Jesús es _____ le da suficiente _____ para llamar y reclamar obediencia _____ _____.

5. En la Biblia vemos que el discípulo que obedece a Cristo instantáneamente recibe honra.
   ☐ Cierto   ☐ Falso

6. La persona llamada deja todo lo que tiene, no por hacer algo considerado de valor *en la perspectiva humana*, sino simplemente _____ _____, porque de lo contrario no _____ _____. El acto deliberado e inmediato del discípulo carece de _____ en sí mismo, es por el contrario, _____ _____.

7. Un cristianismo sin un Jesucristo vivo sigue siendo un cristianismo sin discipulado, y un cristianismo sin discipulado es siempre un cristianismo sin gracia.
   ☐ Cierto   ☐ Falso

8. El que fue llamado debe de salir de la existencia anterior, dejando atrás lo viejo.
   ☐ Cierto   ☐ Falso

9. El llamado al discipulado es una vinculación a la persona de Jesús.
   ☐ Cierto   ☐ Falso

10. El llamado de Jesús es tan poderoso que bajo ninguna circunstancia debe incumplirse, incluso si se interpone lo más santo y grande, como es, la ley misma.
    ☐ Cierto   ☐ Falso

11. El discipulado debe tener un plan lógico y suficientemente claro. Primero haces una cosa y luego la otra. Todo tiene su tiempo más conveniente.
    ☐ Cierto   ☐ Falso

12. El discipulado no puede tolerar ninguna condición entre Jesús y _____ _____ a Él.

13. El primer paso de discipulado es _____ _____ _____.

14. El primer paso sitúa al discípulo en el territorio de _____.

15. ¿Que sucede si el discípulo se niega a dar el primer paso del discipulado? _____ _____ _____.

16. ¿Qué es lo que tuvo que abandonar Mateo? ___ _____.

    ¿Qué es lo que tuvo que abandonar Pedro? ___ _____.

17. <u>Llena la tabla en seguida:</u>
    * *Deja que los muertos entierren a sus muertos; y tú ve, y anuncia el reino de Dios.*
    * *Ninguno que poniendo su mano en el arado mira hacia atrás, es apto para el reino de Dios*
    * el discipulado es para él una *posibilidad* que depende del cumplimiento de las condiciones.
    * él quiere cumplir la ley primero y luego de ello seguir a Jesús
    * se ofrece a sí mismo a seguir a Jesús sin ser llamado
    * *Las zorras tienen guaridas...; más el Hijo del Hombre no tiene dónde recostar la cabeza.*

Le dijo en el camino: Señor, te seguiré adondequiera que vayas.	*Jesús le dijo:* _____	Comentario:
Dijo a otro: Sígueme. Él le dijo: Señor, déjame que primero vaya y entierre a mi padre.	*Jesús le dijo:* _____	Comentario:
Dijo otro: Te seguiré, Señor; pero déjame que me despida primero de los que están en mi casa.	*Jesús le dijo:* _____	Comentario: __

18. Si ellos no hubieran sido llamados por Cristo, podrían seguir viviendo como anónimos trabajadores, observando la ley y continuando en la espera del Mesías, pero después de ser llamados, _____ no significaba guardar silencio y esperar, sino convertirse en discípulo.
    ☐ Cierto   ☐ Falso

19. El camino de la fe sólo es posible a través de _____.

20. Sólo aquel que cree es _____ y sólo quien _____ cree.

21. No necesito obedecer para poder creer, porque primero es la fe y luego la obediencia.
    ☐ Cierto   ☐ Falso

22. La obediencia es la consecuencia y el requisito de la fe.
    ☐ Cierto   ☐ Falso

23. Pedro puede lograr su propia conversión dejando sus redes.
    ☐ Cierto   ☐ Falso

24. En los evangelios, el primer paso del ser humano consiste en una _____ radicalmente.

25. Aceptar una invitación de venir a la iglesia puede ser el primer paso de obediencia para la gente hoy en día.
    ☐ Cierto   ☐ Falso

26. El primer paso de obediencia se traduce en una acción _____, la que en sí misma sigue siendo una _____ de la ley que nunca conduce a Cristo por sí sola.

27. Un hombre que fue bebedor y que abandona el alcohol o el hombre rico que regala su dinero... significa probablemente que estos hombres se logran liberar de la atadura del _____ _____, pero no de _____.

28. Pedro sabe que no puede salir de la barca y caminar sobre el agua por su propia autoridad. Cristo debe llamarlo antes de que él actúe, el paso únicamente puede darse en su palabra (la de Cristo).
    ☐ Cierto ☐ Falso

29. Si me falta fe, la razón puede ser resistencia o desobediencia al mandamiento de Jesús.
    ☐ Cierto ☐ Falso

30. El _____ no puede creer, sólo el _____ cree.

31. «Sólo el creyente es obediente», significa que el obediente _____; «sólo el obediente cree», significa que el creyente _____.

32. ¿Por qué el Señor respondió al joven rico «Ninguno hay bueno sino Dios»? (Mateo 19:16-22) _____.

33. El joven rico conocía los mandamientos; sin embargo, no estaba satisfecho con ellos. ¿Por qué? Él tenía problemas con la seguridad _____.

34. El hombre suele separarse del mandamiento de Dios, y de la simple obediencia de un niño, y en su lugar coloca la duda ética al señalar que el mandamiento todavía requiere una interpretación. «¿Conque Dios ha dicho…?», creyéndose superior.
    ☐ Cierto ☐ Falso

35. ¿Qué respondió Jesús al joven rico cuando éste le preguntó cómo obtener la vida eterna? (Use solamente una palabra para responder): _____.

36. Cada vez que el hombre recurre al conflicto ético está atentando contra la _____. Se retrae de la realidad de Dios y se refugia en lo que para él es posible, de la fe pasa a la _____.

37. ¿Cómo podemos destruir el conflicto ético dentro de nosotros y así obtener la seguridad de salvación? El acto de _____ destruirá _____ y nos dará _____.

38. _____ es la meta de los mandamientos de Dios.

39. A. Explica ¿por qué Jesús mandó al joven rico a la pobreza voluntaria antes de seguirlo? Debía crearse una situación que _____.

    B. ¿Cuál es el objetivo y el camino al objetivo en el caso del joven rico? El objetivo es _____; y el camino en *este caso* es _____.

40. Así como Jesús mandó al joven rico a hacerse pobre y a seguirlo, así Él nos manda a todos nosotros también a vivir en la pobreza voluntaria.
    ☐ Cierto ☐ Falso

41. El camino a la vida eterna es seguir a Cristo, eso es todo.
    ☐ Cierto ☐ Falso

42. El llamado al discipulado significa quedarse tan sólo con Jesucristo, adherirse a Él y disfrutar de su comunión, significa la entrega de toda la existencia del seguidor.
    ☐ Cierto ☐ Falso

43. La historia del joven rico es paralela en su marco narrativo a la pregunta del _____ o a la Parábola del _____. Lucas 10:25-29

44. ¿Cuál es la diferencia en la respuesta de Jesús respecto a estos dos casos (las preguntas número 42 y 43)? mientras el joven rico fue _____.

_____, los escribas tentadores son _____ _____.

45. Mediante la _____ se aprende, no mediante _____. Sólo con la obediencia uno puede reconocer _____ _____.

CAPÍTULO 3

LA OBEDIENCIA DE UN NIÑO

1. Cuando Jesús demanda algo de nosotros, hay solamente dos alternativas: _____ _____.

2. ¿Qué es lo que se interpone entre la palabra de Jesús y la obediencia? _____ _____ _____.

3. Jesús nunca exige una obediencia legalista, sino lo único que Él desea de mí es fe.
   ☐ Cierto   ☐ Falso

4. Para obedecer al llamado de Jesús el joven rico no necesitaba de veras hacerse pobre sino simplemente dejar las riquezas internamente; retenerlas, pero vivir como si no las tuviera.
   ☐ Cierto   ☐ Falso

5. Si Jesús ordenara «sal de ahí», muchos de los cristianos hoy en día lo entenderan como: «quédate donde estás, no te preocupes, tan sólo vive como alguien que ha salido».
   ☐ Cierto   ☐ Falso

6. Une con una línea el orden con la respuesta de un *pseudo*-teologo:

   * <u>«Busca primero el reino de Dios»</u> — «Quédate donde estás, no te preocupes, tan sólo vive como alguien que ha salido».

   * <u>«¡Sal de ahí!»</u> — «Después de buscar las cosas esenciales de la vida, porque, ¿de qué otra manera podríamos existir?»

   * <u>«¡Vete a la cama!»</u> — «Él supone que estoy cansado. Él no quiere que yo esté cansado, por lo tanto, también puedo superar mi cansancio jugando».

   * <u>«Al que te hiera en *una mejilla, presén-*tale también la otra»</u> — «No es bueno estar ansioso, pero tenemos que trabajar para los nuestros y por nosotros mismos, no podemos ser irresponsables. Sin embargo, internamente, por supuesto, debemos estar libres de toda ansiedad».

   * <u>«¡No te afanes!»</u> — «Precisamente al luchar contra mi hermano le demuestro mi gran amor por él».

7. ¿Cuál fue la razón del mandato de Jesús a dejar los bienes para el joven rico? *que este hombre tuviera fe en Jesús y entrara así* _____ _____.

8. Lo que al final tiene importancia no es lo que el hombre hace, no depende de la pobreza o la riqueza, ni del matrimonio o del celibato, ni del tener profesión o no tenerla sino que todo depende de su fe en Jesús.
   ☐ Cierto   ☐ Falso

9. Es posible creer en Cristo y al mismo tiempo tener riqueza y poseer los bienes del mundo, de modo que uno posea estos bienes y viva como si no los tuviera.
   ☐ Cierto   ☐ Falso

10. Dondequiera que se elimine o pervierta la

obediencia literal, la _____ aparece para brindar justificación.

11. El legalismo sólo es superado por la genuina _____ al gentil llamado de Jesús a seguirlo, _____ en donde la ley es cumplida y _____ por el mismo Jesús.

12. Debemos imitar los eventos reales en las Escrituras tal y como ocurrieron.

    ☐ Cierto   ☐ Falso

13. Explique esta frase: «La obediencia al llamado de Jesús nunca podrá ser un acto dado por la iniciativa humana». _____ _____ _____.

14. Así como Jesús llamó al joven rico a entregar sus bienes, cada uno de nosotros también podemos entregar todos nuestros bienes y seguirlo a Él y así cumplir con el llamamiento a seguirlo.

    ☐ Cierto   ☐ Falso

15. El discipulado es una bendición que no es posible para los hombres, sino es algo de Dios, para quien todas las cosas son posibles.

    ☐ Cierto   ☐ Falso

CAPÍTULO 4

EL DISCIPULADO Y LA CRUZ

1. Sufrir y ser rechazado es lo mismo.
   ☐ Cierto   ☐ Falso

2. ¿Por qué Jesús debe sufrir y ser rechazado? _____.

3. La objeción de Pedro para impedir lo requerido por Dios representa la falta de voluntad de la iglesia para _____.

4. Solamente Jesús tenía que sufrir, pero no sus discípulos, ni tampoco nosotros.
   ☐ Cierto   ☐ Falso

5. Así como Cristo sólo es Cristo si _____ y es rechazado, así el discípulo sólo es discípulo si _____, es rechazado e inclusive crucificado.

6. El discipulado significa una identificación total con la persona de _____.

7. Jesús obligaba a sus discípulos a que llevaran su cruz.
   ☐ Cierto   ☐ Falso

8. La negación propia significa estar conscientes únicamente de _____, fijar la vista sólo en _____ y no más en _____.

9. La _____ es una preparación para la cruz.

10. ¿Cómo podemos estar listos para llevar la cruz por la causa de Jesús? *Si nos olvidamos completamente de* _____.

11. La cruz no es sólo sufrimiento, sino sufrimiento y rechazo; rechazo por _____ y no por ninguna otra causa, ya sea respecto al _____ _____ o la _____.

12. Si el cristianismo es tan sólo un credo solemne y barato, en donde no hay distinción entre la existencia cristiana y la natural, entonces la cruz, en lugar de ser vista como _____ diaria por Cristo, ahora es vista como _____ y _____ de nuestra vida natural.

13. ¿Qué clase de sufrimiento significa «llevar la cruz»? _____.

14. Tenemos que buscar nuestra cruz hasta encontrarla y luego levantarla en el nombre de Jesús.
    ☐ Cierto   ☐ Falso

15. Cada discípulo debe soportar una medida prescrita de sufrimiento y rechazo.
    ☐ Cierto   ☐ Falso

16. ¿Cuál es el primer sufrimiento cristiano que todos debemos experimentar? _____.

17. Cada mandamiento de Jesús trae muerte a nuestras pasiones y deseos.
    ☐ Cierto   ☐ Falso

18. Cada día la carne y el mundo nos traen nuevos _____ y _____ por causa de Jesucristo.

19. Aprende de memoria y escribe Gálatas 6:2: «*Sobrellevad* _____».

20. A. ¿Qué significa el versículo de Gálatas 6:2?

_____
_____
_____.

    B. ¿Qué cargas exactamente tenemos que llevar de nuestros hermanos? _____
_____.

21. El perdón de los pecados es un requisito de sufrimiento impuesto a todo discípulo de Cristo.
☐ Cierto ☐ Falso

22. *Confessio Augustana* se refiere a la Iglesia como la comunidad de aquellos «que son _____ y _____ por el evangelio».

23. ¿Qué sucede con aquel que se rehúsa a tomar la cruz, aquel que no quiere sufrir y ser rechazado por la gente por causa de Jesús? _____
_____.

24. La única manera de superar y vencer el sufrimiento es soportándolo.
☐ Cierto ☐ Falso

25. En Mateo 26:39, 42 vemos que Cristo pide al Padre que «pase de mí esta copa» y luego leemos que fue escuchado. Explica cómo es que fue escuchado si de todos modos Él fue a la cruz. *La única manera de superar y vencer el sufrimiento es* _____. *Su triunfo radica precisamente* _____. _____
_____.

26. El sufrimiento debe ser soportado a fin de que pase.
☐ Cierto ☐ Falso

27. Al seguir a Cristo, el sufrimiento del mundo cae sobre _____.

28. El hombre puede sacudirse las cargas que le son impuestas, sin embargo, no _____
_____.

29. Cuando un discípulo toma la cruz se encuentra debajo de ella a _____.

CAPÍTULO 5
EL DISCIPULADO Y EL INDIVIDUO

1. Cristo no sólo se interpone entre el Padre y yo, sino también entre el _____ y yo. Él es el Mediador, no sólo entre Dios y el hombre, sino también entre el hombre y el _____, entre el hombre y la _____.

2. Romper con el mundo es un acto nacido de nuestra propia voluntad, en aras de alcanzar un ideal.
   ☐ Cierto   ☐ Falso

3. El llamado de Jesús, como _____ _____ por el Mediador, es lo que hace posible esta completa ruptura con el mundo.

4. Desde el punto de vista de las _____ _____ de la vida, sería totalmente injustificable poner debajo el orden natural de la vida frente a un ideal cristiano de la vida.

5. Las responsabilidades humanas son justificables cuando se anteponen a la intermediación entre nosotros y el llamado de Jesús.
   ☐ Cierto   ☐ Falso

6. Aquello por lo que no puedo dar gracias a Dios, y que no me haya sido dado por causa del amor de Cristo, se convierte en _____ para mí.

7. No hay verdadero amor por el mundo, excepto mediante el amor con que Dios amó al mundo en Jesucristo.
   ☐ Cierto   ☐ Falso

8. Aprende y escribe de memoria el siguiente versículo Juan 3:16: «_____ _____ _____ _____.»

9. Abraham tuvo que dejar sus amistades y la casa de su padre porque Cristo _____ entre él y _____.

10. A) ¿Cuál fue el primer llamado de Dios a Abraham? _____ _____

    B) En el primer llamado Cristo se interpuso entre Abraham y _____.

11. A) ¿Cuál fue el segundo llamado de Dios a Abraham? _____.

    B) En el segundo llamado Cristo se interpuso entre el padre de la fe y el _____ _____.

12. Abraham debe aprender que la promesa no depende ni siquiera de _____, sino únicamente de _____.

13. Contra toda la intermediación _____, contra toda la intermediación _____, contra toda la intermediación _____ _____, él obedece a la Palabra de Dios, y trae a su hijo al sacrificio.

14. Cumpliendo la voluntad de Dios, Abraham recuperó a Isaac, pero ahora lo tiene de una manera distinta: lo tiene a través _____ _____.

15. Abraham lo había abandonado todo por seguir a Cristo, y mientras se mantuviera siguiendo a Cristo, le sería permitido _____ _____ en el que había _____ _____. Exteriormente todo continúa igual, pero lo viejo _____, y he aquí que todo _____.

16. Al entrar al discipulado solos, de pronto se dan cuenta que están rodeados de _____ _____ que reemplaza la que hubieron _____ por el Señor.

CAPÍTULO 6

LAS BIENAVENTURANZAS

1. Llena los blancos:
   _____ observa/n → Los discípulos habían sido como todos los demás. Luego vino el llamado, dejaron todo atrás y siguieron a su Maestro. Desde entonces le pertenecen por completo. Algo pasó con ellos que no pasó con el resto.
   _____ observa/n →Allí están las ovejas perdidas de la casa de Israel. Esta es la comunidad elegida por Dios. Los discípulos pertenecen al pueblo, y a este pueblo habrán de ministrar; vivirán entre ellos, y predicarán el llamado de Jesús a cada uno de ellos.
   _____ observa/n →Él llamó a cada uno de ellos, y ellos han respondido renunciando a todo, incluyendo a su reputación. Ahora viven en la privación y la miseria. Sólo lo tienen a Él. Toda ira contra Dios y su palabra caerá sobre sus discípulos y éstos serán echados fuera por causa del Señor.

2. Cuando Cristo abre el Sermón del monte con la palabra «Bienaventurados» ¿a quien está hablando? _____.

3. ¿Por qué Jesús llama a sus discípulos «Bienaventurados»? _____.

4. Los discípulos son bienaventurados por causa de _____ de Jesús.

5. Ni la privación ni la renunciación es justificada, excepto por _____ y la promesa de Jesús, quien sólo bendice a los que Él _____.

6. Si tanto los discípulos como la gente son uno en el sentido de que son el pueblo de Dios, entonces, las bienaventuranzas de Jesús se convierten en una _____ _____ diseñada para _____.

7. Bienaventurados los pobres en espíritu, porque _____.

8. Une con una línea:

   Discípulos   son poderosos y respetados; están firmemente asentados en la Tierra, y se les ve como representantes de la «piedad popular».

   Fariseos   ellos entregaron sus vidas y con ello, todo lo que podría ponerles en la categoría de ricos, pero son herederos del reino celestial.

9. El anticristo también bendice a los pobres, pero no lo hace por el bien de la cruz.
   ☐ Cierto ☐ Falso

10. Bienaventurados los que lloran, porque ellos _____.

11. Los que sufren son aquellos que han _____ a todo aquello que el mundo llama felicidad y paz, y no tienen interés alguno en conformarse al mundo, más bien, _____ por él.

12. Los discípulos ven que el barco en que el mundo celebra está próximo _____.

13. El discípulo no se deshace del sufrimiento sino _____.

14. Lutero traduce «los que lloran» como «los que soportan el sufrimiento».
    ☐ Cierto   ☐ Falso
15. Su sufrimiento no es por voluntad propia, sino que lleva lo que se le impone y soporta las consecuencias de ello por causa del discipulado.
    ☐ Cierto   ☐ Falso
16. Bienaventurados los mansos, porque ellos _____.
17. Gente mansa vive en renuncia a _____ _____ por la causa de Jesucristo.
18. ¿Qué acción hará una persona mansa?:
    Si alguien los regaña   *ellos lo toleran*
    Si alguien les hace violencia   *ellos simplemente se van*
    Si son rechazados   *ellos guardan silencio*
19. «Déjeles el cielo», dice el mundo a los mansos, pero Cristo dice de ellos que "_____ _____."
20. Los que ahora poseen la tierra con violencia e injusticia la perderán, y los que han renunciado completamente a ella aquí, los que han sido mansos para llevar la cruz, _____ _____.
21. Cuando Cristo habla de que los mansos heredaran la tierra, el habla de este mundo ahora.
    ☐ Cierto   ☐ Falso
22. Bienaventurados los que tienen hambre y sed de justicia, porque _____ _____.
23. Los discípulos han renunciado a su propia justicia, eso es no ganan _____ por sus _____. No pueden tener justicia, sino únicamente hambre y sed de ella.
24. Bienaventurados los misericordiosos, porque _____.
25. Los misericordiosos tienen un amor irresistible por los necesitados, los pobres, los enfermos, los humillados y los abusados; por aquellos que sufren _____ y son _____ de la sociedad. Los discípulos _____ a todos los que padecen de culpa por el pecado y sufren. Ningún pecado es _____ _____ como para no tener misericordia de ellos.
26. Los misericordiosos dan el mayor bien que el hombre posee: _____.
27. Bienaventurados los de corazón limpio, porque _____.
28. El corazón puro es el corazón simple, el corazón de un niño, que no sabe nada sobre el bien y el mal, el corazón de Adán antes de la caída, el corazón en el cual no prevalece la razón sino la _____.
29. _____ no es atraído por la diversidad de sus propios deseos, ni sigue su propia agenda.
30. Bienaventurados los pacificadores, porque ellos serán _____.
31. Los discípulos de Cristo no sólo deben tener paz sino se les ordena _____.
32. Sin embargo, nunca su esfuerzo por la paz será mejor demostrado sino cuando se encuentran con los malvados, cuando éstos les hacen sufrir.
    ☐ Cierto   ☐ Falso
33. Bienaventurados los que padecen persecución por causa de la justicia, porque _____ _____.
34. Los discípulos serán perseguidos por causa de la justicia.
    ☐ Cierto   ☐ Falso
35. Los discípulos de Jesús sufrirán por una causa _____, un sufrimiento generado como consecuencia de _____ _____ de los discípulos de Jesús.

36. ¿Hay en la tierra algún lugar para la congregación descrita, para los discípulos verdaderos? _____.

37. El abuso, la persecución y la calumnia son una confirmación para los discípulos de la _____ que tienen con Jesús.

38. Puesto que estos extraños se comportan mansamente, gustosamente el mundo _____ _____ para tratarlos con _____ _____ y con calumnias.

CAPÍTULO 7

LA IGLESIA VISIBLE

1. ¿Por qué Jesús no se llama a sí mismo la sal de la tierra? _____.
2. No tenemos que ser la sal sino _____.
3. Como discípulos de Cristo, tenemos la sal de la que habla en Mateo 5:13.
   ☐ Cierto ☐ Falso
4. La *sal* no es meramente el mensaje reformador que los discípulos proclaman; más bien, se trata de _____, siempre y cuando permanezcan como _____.
5. Todos aquellos que _____ _____ de Jesús a seguirle son la sal de la tierra.
6. La sal nunca dejará ni podrá dejar ser salada.
   ☐ Cierto ☐ Falso
7. ¿Cómo se distingue la sal? _____.
8. Si la sal se vuelve insípida, puede volver a ser sal otra vez.
   ☐ Cierto ☐ Falso
9. _____ puede ser purificado por la sal, incluso la sustancia _____, pero si la sal se vuelve insípida, ella misma se vuelve irremediablemente _____.
10. El llamado de Jesucristo significa o ser la sal de la tierra o ser eliminado.
    ☐ Cierto ☐ Falso
11. Los discípulos no sólo son comparados con la eficacia invisible de la _____, sino también con el brillo visible de la _____.
12. Los discípulos tenemos que esforzarnos para convertirnos en la luz del mundo.
    ☐ Cierto ☐ Falso
13. La luz es una herramienta que nosotros hemos recibido.
    ☐ Cierto ☐ Falso
14. Nosotros mismos somos la luz siempre y cuando _____.
15. El verdadero discípulo siempre será distinto en el mundo.
    ☐ Cierto ☐ Falso
16. Escapar para no ser visto es una _____ del llamado.
17. La luz puede desaparecer debajo del almud, esto es _____.
18. La consigna de *Theologia crucis* es permanecer como un cristianismo _____ y así mantenerse _____.
19. El cristianismo tiene que operar únicamente en el marco de la libertad que la sociedad le otorgue.
    ☐ Cierto ☐ Falso
20. Una moralidad y justicia que goza de aprobación ante el mundo no es otra cosa que una cruz _____.
21. No tú, sino tus _____; éstas son las que deben ser visibles.
22. ¿Cuáles son las obras que el discípulo hace, las cuales deben ser vistas por el mundo? _____.

CAPÍTULO 8

LA JUSTICIA DE CRISTO

1. Cristo dijo: «¿Creéis que he venido a cumplir la ley o los profetas? No he venido a cumplir, sino a destruir».
   ☐ Cierto ☐ Falso

2. Los discípulos continuarán apegados a la ley del Antiguo Testamento de alguna manera.
   ☐ Cierto ☐ Falso

3. El apego a la ley en sí misma no es todavía _____, y que el apego a su persona sin la ley no es _____ tampoco.

4. ¿Qué es lo que tiene mayor validez, Cristo o la ley? _____.

5. La ley del Antiguo Testamento es la que debe _____, y que de ella, ni una jota ni una tilde debe de pasar sin cumplirse hasta que pasen el cielo y la tierra, es decir, hasta _____.

6. La ley de Nuevo Testamento es una ley mejor y una mejor justicia.
   ☐ Cierto ☐ Falso

7. ¿Qué significa tener una «mejor justicia»? _____ _____ _____.

8. La condición para vivir una mejor justicia es _____ _____.

9. ¿Cuál es nuestro ejemplo de la mejor justicia? _____.

10. Cristo ha venido a _____ la ley del Antiguo Pacto.

11. Este había sido el pecado del pueblo de Israel: habían hecho un dios de _____ y habían legalizado _____.

12. Los judíos habían dado el mismo peso a Dios que a la ley. Dios había sido absorbido por la ley y ya no era el Señor de la ley.
    ☐ Cierto ☐ Falso

13. Dios es el _____ y el _____ de la ley, pero únicamente en la comunión personal con Él es posible el _____ de esta ley.

14. Jesús muere como un _____ de la ley en la cruz; muere porque puso en práctica la ley verdadera en contraposición de una ley _____.

15. Jesús puede ser el _____ entre sus discípulos y la ley, pero la ley no puede ser _____ entre Él y sus discípulos.

16. El camino a la ley lo encontramos mediante _____.

17. Cristo rechaza que alguien pueda unírsele sin guardar la ley, porque esto _____.

18. Cuando Cristo se interpone entre los discípulos y la ley, no es para liberarlos del cumplimiento de ella, sino para _____.

19. No es la ley en sí la que distingue al discípulo del judío, sino «la mejor _____».

20. El error del fariseo fue que él pensaba que la ley debería sólo enseñarse mas no hacerse.
    ☐ Cierto ☐ Falso

21. El fariseo era un _____ de la ley.

22. La justicia de los fariseos consistía en un cumplimiento inmediato y literal de la ley.
    ☐ Cierto   ☐ Falso

23. Separa en la columna a la que va:
    * es un hacedor de la ley (ejemplo ya aplicado)
    * su hacer produce una justicia *perfecta*
    * su hacer produce una justicia *imperfecta*
    * se enfrenta a una ley *ya cumplida*
    * se enfrenta a una ley *incumplida*
    * es una justicia que tan sólo puede existir *dentro* del discipulado y *bajo la cruz*; es la justicia de Cristo
    * entre él y la ley está *Aquel* que ha guardado plenamente la ley
    * su justicia consistía en un cumplimiento *inmediato y literal* de la ley

La justicia de FARISEO	La justicia de DISCÍPULO
Es un hacedor de la ley	*Es un hacedor de la ley*

24. Jesús no solo tiene justicia, sino que Él mismo es _____. Él es la justicia de los discípulos.

25. La justicia de Cristo no sólo debe ser _____ _____ sino también _____, pues de lo contrario, no será mejor que la ley de los fariseos, la cual se _____, pero _____ (Mateo 23:3).

CAPÍTULO 9

EL HERMANO

1. El primer requisito para cumplir la ley es escucharla como _____ _____.
2. La vida de cada persona ha sido establecida _____ y está en las manos _____. Sólo _____ tiene poder sobre la vida y _____.
3. No es bueno decir necio o tonto al prójimo porque cada enojo es un atentado contra _____ de nuestro semejante.
4. Las palabras que lanzamos sin inteligencia y tan a la ligera revelan que no honramos _____ _____, que nos levantamos contra él y, por tanto, otorgamos mayor valor a _____ _____ que a la suya.
5. Si juzgamos a otro eso nos convierte en _____, y el _____ será juzgado por el juicio de Dios. Cualquiera que esté enojado con su hermano y que lance contra él una _____, que lo reprenda _____ o lo calumnie, está separado de Dios y se hace culpable de _____.
6. La adoración a Dios no puede estar separada del servicio a _____.
7. En los tiempos de Jesús los discípulos tenían una obligación de servir a los rabinos en todo —tanto como a un padre—, durante toda su vida, y esto era considerado parte de la adoración a Dios.
   ☐ Cierto ☐ Falso
8. En tanto le neguemos nuestro servicio y _____ al hermano; mientras permanezca el _____; mientras el hermano pueda tener una causa contra _____ o en contra de la iglesia de Jesús, el sacrificio permanecerá sin ser _____.
9. Si un hermano tiene algo contra ti, esto estará estorbando entre Dios y nosotros.
   ☐ Cierto ☐ Falso
10. El unigénito Hijo de Dios fue deshonrado y vilipendiado a fin de _____ al Padre de esta manera.
11. Por causa de la _____ del Hijo de Dios, la adoración es inseparable del _____ _____ a los hermanos.
12. ¿Por qué a veces es tan difícil reconciliarnos, o pedir perdón al prójimo? _____ _____.
13. La vida de un discípulo es un sacrificio al Padre.
    ☐ Cierto ☐ Falso
14. ¿Cuándo será demasiado tarde para reconciliarnos con nuestro hermano? _____ _____.
15. Aprende y escribe la siguiente cita bíblica: Juan 15:13. «*Nadie tiene _____ _____.*»

CAPÍTULO 10

LA MUJER

1. Hay cosas que no son pecado, pero tampoco son la voluntad de Dios para nuestra vida. Por eso tenemos que orar por todas nuestras decisiones.
   ☐ Cierto   ☐ Falso

2. El deseo sexual sin amor, la lujuria, aun y si tan sólo consista en una mirada, separa al discípulo de Cristo y lleva todo su cuerpo al infierno.
   ☐ Cierto   ☐ Falso

3. Lee y llena los blancos de Hebreos 12:16-17: «no sea que haya algún fornicario, o profano, como Esaú, que por una sola _____ vendió su _____. Porque ya sabéis que aun después, deseando heredar la bendición, fue _____, y no hubo oportunidad para el _____, aunque la procuró con lágrimas».

4. La impureza de la lujuria tiene su raíz en la _____.

5. La ganancia que trae la lujuria es pequeña en comparación del daño: la lujuria da goce por _____, pero el cuerpo se pierde por _____.

6. El ojo que sirve a la codicia impura no puede _____.

7. El discípulo que dirige su mirada hacia Jesús y sólo a Él, puede tener la _____ de que permanecerá libre de la _____, aun cuando éste dirija su _____ a una mujer.

8. A los israelitas se les permitió otorgar carta de divorcio a fin de _____ _____.

9. En el caso de que una de las partes se divorcie por causa de adulterio, tiene derecho a un segundo matrimonio.
   ☐ Cierto   ☐ Falso

10. El matrimonio es uno de los requisitos para ser el discípulo de Cristo.
    ☐ Cierto   ☐ Falso

11. Jesús aprueba el celibato por causa del reino de Dios.
    ☐ Cierto   ☐ Falso

12. Solamente nuestra alma es lo que quiere Cristo, así que podemos hacer con el cuerpo lo que nos parezca bien.
    ☐ Cierto   ☐ Falso

CAPÍTULO 11

LA VERACIDAD

1. Agustín (en concordancia con el filósofo Platón) creía que el juramento estaba prohibido para los cristianos «perfectos», pero permitido para los cristianos débiles.
   ☐ Cierto   ☐ Falso

2. El filósofo Pitágoras consideraba el juramento como algo indigno para un hombre noble.
   ☐ Cierto   ☐ Falso

3. En el Antiguo Testamento el uso del juramento fue algo común —y hasta obligatorio—.
   ☐ Cierto   ☐ Falso

4. ¿Qué caso es usado por los reformadores para afirmar que Jesús juró? _____.

5. ¿Qué es un juramento? Es una invocación pública de _____, acerca de la veracidad de algo que sucedió en _____ o que se promete se _____.

6. Si el hombre no pudiera mentir, entonces no sería necesario ningún juramento.
   ☐ Cierto   ☐ Falso

7. ¿Para qué Jesús prohíbe el juramento? *Para destruir totalmente* _____.

8. Nosotros, los discípulos, tenemos que cumplir nuestra palabra, pues cada palabra del discípulo es colocada bajo la _____.

9. ¿Cuál es la meta de la abolición del juramento? _____.

10. ¿Por qué es peligroso jurar por el conocimiento de pasado? _____.

11. ¿Por qué es peligroso jurar por el futuro, por ejemplo, respecto a la lealtad? _____.

12. El verdadero seguidor de Jesús está obligado a decir toda la verdad y siempre la verdad.
    ☐ Cierto   ☐ Falso

13. Es un engaño pensar que somos veraces delante de Jesús si no _____.

CAPÍTULO 12

CASTIGO PARA EL AGRESOR

1. Jesús coloca los diez mandamientos por encima del resto del Antiguo Testamento.
   ☐ Cierto ☐ Falso

2. El verdadero discípulo de Jesús reclama el castigo para el agresor, pues es el derecho de todo el ser humano.
   ☐ Cierto ☐ Falso

3. El modo del cristiano para vencer al agresor consiste en frustrarlo, pues este no encuentra _____.

4. ¿Qué sucede cuando el discípulo renuncia totalmente a su derecho de castigar al agresor? _____.

5. El antídoto para que dejemos de sufrir es _____ el sufrimiento.

6. Al soportar el sufrimiento, el discípulo desea justificar la conducta malvada.
   ☐ Cierto ☐ Falso

7. El sufrimiento voluntario es más fuerte que ____ _____.

8. El mal (o el malo) caerá en las manos de _____.

9. Si el discípulo está protegiendo lo que a él le pertenece, sus acciones violentas son justificables.
   ☐ Cierto ☐ Falso

10. Como seguidor de Jesús estoy siempre solo delante de él, soy un individuo que al final sólo puede actuar y decidir por él mismo (y no por nadie más).
    ☐ Cierto ☐ Falso

11. El sufrimiento _____ es la prueba máxima y verdadera de que _____ supera y derrota el mal.

CAPÍTULO 13

EL ENEMIGO «LO EXTRAORDINARIO»

1. Menciona a algunos de los enemigos que podrían tener los discípulos de Cristo. _____.

2. El Antiguo Testamento habla de odiar al enemigo.
   ☐ Cierto   ☐ Falso

3. ¿Cuáles son las únicas guerras santas que podemos encontrar en las Escrituras? _____.

4. ¿Por qué el amar al enemigo es una ofensa para el hombre natural? _____.

5. Aprende el versículo siguiente y anota la descripción del enemigo conforme a esta Palabra: Salmos 109:4 «*En pago* _____».

6. ¿Cómo exactamente es que debo amar a mi enemigo? _____.

7. No solamente tengo que tolerar al malo con su maldad, sino mostrarle un amor activo.
   ☐ Cierto   ☐ Falso

8. _____ a los que os maldicen.

9. _____ a los que os aborrecen.

10. _____ por los que os persiguen.

11. Romanos 12:20: «Si tu enemigo tuviere _____ _____, dale _____; si tuviere _____, dale _____».

12. Jesús nos promete que el enemigo a quien amamos, a quien bendecimos, y a quien hacemos el bien, no nos ofenderá ni nos perseguirá.
    ☐ Cierto   ☐ Falso

13. Tenemos que enfocarnos, no en lo que hace el enemigo, sino en lo que _____ _____.

14. Nosotros, los discípulos, también estuvimos entre los enemigos del Señor, pero caímos rendidos, vencidos por su amor.
    ☐ Cierto   ☐ Falso

15. El discípulo es «peculiar —gr. *perissos*», que significa _____.

16. La justicia de los discípulos es como la de los fariseos y escribas.
    ☐ Cierto   ☐ Falso

17. Si alguno dice ser cristiano pero sigue _____ _____, simplemente se convierte en un cristiano aparente.

18. El cristiano no se desenvuelve en las circunstancias _____, sino en el terreno que va más allá de lo _____.

19. El amor predicado por Cristo es un simple amor patriótico, lealtad por los amigos y amor por el trabajo.
    ☐ Cierto   ☐ Falso

20. ¿Qué camino llevan los discípulos extraordinarios de Cristo? *El camino de* _____.

_____
_____
_____
_____.

21. Cuando se practica algo extraordinario (gr. *perissos*), la conciencia del mundo es _____.

CAPÍTULO 14

LA JUSTICIA OCULTA

1. Más cuando tú des limosna, no sepa tu izquierda lo que hace tu derecha, para que sea tu limosna _____; y tu Padre que ve _____ te recompensará _____» (Mateo 6:4).

2. Lo extraordinario es la señal inequívoca de la obediencia y la humildad genuinas.
   ☐ Cierto   ☐ Falso

3. Lo extraordinario nuestro no es para ser visto; es decir, lo que hacemos no debe hacerse _____ _____.

4. El discípulo debe hacer todo lo posible para no ser visible.
   ☐ Cierto   ☐ Falso

5. ¿A quién debe ocultarse lo visible del discipulado? _____.

6. Lo extraordinario en un discípulo es simplemente un acto natural de obediencia.
   ☐ Cierto   ☐ Falso

7. El discípulo pierde su enfoque cuando deja de mirar _____ para mirar lo peculiar de _____ —lo extraordinario—.

8. En el caso en donde queremos saber qué tanto bien estamos haciendo, allí estamos desvaneciendo _____ _____.

9. El genuino amor es aquel que se olvida _____. Es un amor que sólo puede surgir cuando hemos muerto _____ _____.

CAPÍTULO 15

LA ORACIÓN OCULTA

1. La oración es una necesidad natural del corazón humano, es por eso que la oración es un derecho que el hombre tiene ante Dios.
   ☐ Cierto   ☐ Falso

2. ¿Por qué a los discípulos se les permite orar? _____ _____.

3. El que está unido a Jesús, en su discipulado, tiene acceso _____ a través _____.

4. Toda oración correcta es una oración en donde _____ es el mediador.

5. No es la _____, ni el _____ de palabras lo que atrapa el corazón paternal de Dios, sino _____, la certeza de que él _____ aun antes de pedir.

6. La oración es distorsionada cuando lo oculto es _____.

7. ¿Cuál es el precio de orar a mí mismo, escuchar y responderme a mí mismo en la oración? _____ _____.

8. Tan solo si proviene de la voluntad _____ _____ mi oración es segura, fuerte y pura.

9. Puesto que la oración correcta es algo oculto, excluye a la oración en grupo.
   ☐ Cierto   ☐ Falso

10. Nuestro Padre celestial ya sabe lo que necesitamos. Esto hace a Dios _____ _____ de nuestra oración, y nos libera del falso sentido _____ en que la oración es un _____ que debe ser _____.

11. Nunca vemos en la Biblia que Jesús enseñara como hay que orar.
    ☐ Cierto   ☐ Falso

12. Llena los blancos de memoria, : «Vosotros, pues, oraréis así: Padre nuestro que estás en los cielos, _____. Venga tu reino. _____ _____, como en el cielo, así también _____. El _____ de cada día, dánoslo hoy. _____ _____, como también nosotros perdonamos a nuestros deudores. Y no nos metas en tentación, _____ _____; porque tuyo es el reino, y el poder, _____por todos los siglos. Amén. Porque si perdonáis a los hombres _____, os perdonará también a vosotros vuestro Padre celestial; mas si no perdonáis a los hombres _____ _____, tampoco vuestro Padre os perdonará _____».

13. Los discípulos oramos para que la voluntad de Dios en nosotros se vuelva cada vez _____ _____ y rompa _____ _____.

14. Al final, todo el mundo _____ a la voluntad de Dios, y lo _____.

15. Mientras los discípulos estén en la tierra, deberían estar avergonzados por pedir a su Padre celestial los bienes de la vida corporal.
    ☐ Cierto   ☐ Falso

16. Los cristianos no solamente son culpables de pecar de vez en cuando por error, sino también

por la pereza en la oración, la falta de disciplina y la incredulidad. Por eso tenemos que pedir perdón al Padre, pero tenemos que perdonar a nuestros ofensores de la misma manera.

☐ Cierto   ☐ Falso

CAPÍTULO 16

EL EJERCICIO PIADOSO OCULTO

1. Jesús asume que sus seguidores tienen el ejercicio piadoso del ayuno habitual.
   ☐ Cierto ☐ Falso

2. ¿Para qué sirve el ejercicio de abstinencia de la comida? _____
   _____
   _____.

3. En el ayuno la voluntad egoísta y perezosa, la cual no puede conducir al servicio, es _____
   _____: la carne es _____, castigada y se mantiene _____.

4. Una vida que carezca de una práctica ascética, dificultará en gran medida _____,
   _____ pues a una carne saciada no le gusta _____ y jamás puede doblegarse.

5. La muerte diaria del viejo hombre sucede en el ayuno.
   ☐ Cierto ☐ Falso

6. La pereza y la falta de disciplina de un cristiano proveen combustible para el orgullo, el cual necesita ser diariamente conquistado.
   ☐ Cierto ☐ Falso

7. El ejercicio diario y la disciplina son necesarios porque «_____
   _____»
   (Mateo 26:41).

8. Cada vez que el cristiano se dé cuenta de que está fallando en su servicio cristiano, que su disposición está decayendo, que no tiene poder para orar, significa que necesita _____
   _____ de la carne, es decir, necesita practicar más _____
   _____.

9. La objeción de que el cristiano debe refugiarse únicamente en la fe, y dejar fuera el ascetismo, no tiene fundamento.
   ☐ Cierto ☐ Falso

10. Alguien que ora perezosamente o se cansa al leer las Escrituras no puede tener una vida de fe.
    ☐ Cierto ☐ Falso

11. El ascetismo sustituye el sufrimiento de Cristo y por sí solo mata la carne.
    ☐ Cierto ☐ Falso

12. Los discípulos tenemos que hacer del ayuno la ley en nuestras iglesias.
    ☐ Cierto ☐ Falso

13. Los discípulos tenemos que estar agradecidos de que se nos permita ayunar y así brindar este servicio al Señor.
    ☐ Cierto ☐ Falso

CAPÍTULO 17
LA SIMPLICIDAD DE UNA VIDA SIN PREOCUPACIONES

1. Si el ojo está nublado, el pie _____ y la mano _____.

2. El corazón depende del tesoro y los bienes acumulados se interponen _____ _____, pues en donde está nuestro amor, ahí está también nuestra _____, seguridad y consuelo.

3. En donde está tu corazón (a lo que está unido) ahí está tu tesoro. ¿A que está unido tu corazón? _____.

4. Todo aquello que te impide amar a Dios sobre todas las cosas y que se interpone entre tú y tu obediencia a Jesús eso es el _____ al que está _____ tu corazón.

5. El discípulo tiene una gran promesa: al seguir a Jesús adquirirá _____ que no _____, que le están esperando y con quienes un día él se unirá.

6. No se puede servir a dos señores.
   ☐ Cierto   ☐ Falso

7. La _____ están juntas en las listas de pecados paulinas y a ambas se les llame idolatría.

8. Aparentemente los bienes terrenales brindan al corazón humano seguridad y desahogo; no obstante, son ellos precisamente la causa de su dolor, porque los tesoros traen consigo preocupación. Por esto, al querer asegurar nuestras vidas mediante los bienes, y pensado estar libres de la preocupación, nos asfixiamos más en ella.
   ☐ Cierto   ☐ Falso

9. El mal uso de los bienes consiste en esto, en que representen _____ _____.

10. La provisión día a día me libera _____ _____, mientras que el pensamiento del mañana me lleva a una _____ _____.

11. Es inútil pretender que podemos controlar el futuro, pues no podemos gobernar las condiciones del mundo.
    ☐ Cierto   ☐ Falso

12. No es la preocupación, ni aún el _____ lo que genera el pan de cada día, sino _____ _____.

13. Ningún animal trabaja por su alimento, pero a cada uno le es asignado _____ luego busca y encuentra su _____ _____. También el hombre necesita trabajar y _____, no obstante, al mismo tiempo sabe que algo más que su labor le brinda el alimento: la rica ____ _____.

14. La preocupación es algo de los gentiles —es decir, de los no creyentes—, quienes confían en su fuerza y trabajo, pero no en Dios.
    ☐ Cierto   ☐ Falso

15. El trabajo por nuestra familia o por nosotros mismos implica estar buscando el reino de Dios.
    ☐ Cierto   ☐ Falso

16. La _____ con Jesús y la obediencia a su mandamiento es lo primero, y todo lo demás _____. Antes de

preocuparnos por las cosas de esta vida, de la comida, del vestido; antes del _____ _____, está la búsqueda de la justicia de Cristo.

17. Nada puede dañar a aquellos que están _____ _____ con el Padre; ni pueden dudar que el Padre _____ y no los dejará _____.

CAPÍTULO 18

EL DISCÍPULO Y LOS INCRÉDULOS

1. El capítulo cinco de Mateo trata de lo _____ del discipulado; y el capítulo 6 de _____ y simple de los discípulos.

2. Los discípulos tenemos un juicio agudo e incisivo para descalificar a toda persona que no adopta la vida superior declarada por Cristo.
   ☐ Cierto   ☐ Falso

3. Jesús quiere que caminemos por la vida como jueces, como críticos divisorios en nuestros tratos diarios con los demás.
   ☐ Cierto   ☐ Falso

4. Los discípulos no deben juzgar, pues si lo hacen, ellos mismos caen en _____; pues la misma espada con que juzgan al hermano _____.

5. El discípulo mantiene su justicia únicamente mediante _____.

6. Nuestro nuevo estándar de la vida nos convierte en discípulos de Cristo.
   ☐ Cierto   ☐ Falso

7. Nuestra propia justicia está oculta en la comunión con Jesús.
   ☐ Cierto   ☐ Falso

8. El discípulo no debe juzgar a otros porque siempre ve a la otra persona tan sólo como alguien que también depende de Jesús.
   ☐ Cierto   ☐ Falso

9. Llena el espacio y contesta a la pregunta siguiente: ¿No es obligado condenar a otro, (cuando veo su mal), precisamente por causa del _____ que le tengo y por su propio bien? _____.

10. Si los discípulos _____, establecen con ello normas para el bien y el mal. Sin embargo, _____ es el único que puede aplicar las normas a otros y no _____.

11. Cuando juzgo a otro, lo retiro del juicio _____ y lo coloco bajo el juicio _____.

12. No se me prohíbe tener mis propios pensamientos y percepciones de otra persona, siempre y cuando _____, es decir, la _____ deliberada de ellos.

13. Si no juzgo a la persona eso no tiene que decir que la otra persona está en lo correcto, simplemente significa que Dios es el único quien juzga.
    ☐ Cierto   ☐ Falso

14. El amor reconoce que todo pecado es _____ bajo la cruz.

15. La palabra de Dios se aplica a mí de manera diferente que al prójimo por causa de que soy un discípulo.
    ☐ Cierto   ☐ Falso

16. Cuando los discípulos no reconocen que existe límites para su actividad y en su celo no respetan ninguna resistencia, confunden la palabra del Evangelio con _____ en todo lugar y con _____.

17. La palabra de Dios, en su nobleza, puede ser despreciada y rechazada por la gente.
    ☐ Cierto   ☐ Falso

18. Todo intento de imponer el evangelio por la fuerza, es inútil y peligroso. ¿Por qué? _____

_____
_____
_____
_____
_____
_____
_____
_____
_____ .

19. ¿Qué deben hacer los discípulos ante aquellos que cierran su corazón a la Palabra? _____
_____

_____
_____
_____
_____
_____
_____ .

20. Nuestra maldad _____ «mejor maldad» en comparación con la que se encuentra en otro.

21. No habrá un mandamiento más elevado que este: _____
_____
_____ .

CAPÍTULO 19

LA GRAN SEPARACIÓN

1. Recita y escribe Mateo 7:13 de memoria: «*Entrad* _____ _____ _____ _____ _____».

2. ¿Cuáles son las dos definiciones del *camino estrecho* según Bonhoeffer?
   A) _____ _____ _____ _____ _____.
   B) _____ _____ _____ _____ _____.

3. Al pertenecer a un círculo cristiano, automáticamente estamos marchando el camino angosto y no hay peligro ninguno para nosotros.
   ☐ Cierto   ☐ Falso

4. ¿Cómo podemos reconocer a los lobos que se visten de ovejas? _____ _____ _____.

5. Una persona no puede vivir _____ _____ por mucho tiempo; el momento de _____, el momento en que se haga la distinción llegará.

6. Cuando se llega el tiempo de tomar decisiones se revelará si una persona es del mundo o pertenece a la comunidad de los seguidores de Jesús.
   ☐ Cierto   ☐ Falso

7. ¿Qué sucederá con el árbol malo? _____ _____.

8. La confesión de Jesús como Señor por sí sola nos da derecho a que Jesús nos reconozca como suyos.
   ☐ Cierto   ☐ Falso

9. Nadie puede basarse en el hecho de que _____ confesó a Jesús como su Señor para creer que por ello _____; ni tampoco significa algo ante Dios que pertenezcamos a la membresía de la iglesia que profesa _____ a Jesús.

10. Ordena la tabla:
    * reclama derechos por su trabajo;
    * es arrogante;
    * obedece con humildad;
    * su base esta en la gracia de Dios;
    * crea la vanidad de su propio derecho;
    * humildemente hace la voluntad de Dios.

Gr. «*ho legon kyrie*» —[el que dice: Señor, Señor]	Gr. «*ho poion*» [el que hace]
_____	_____
_____	_____
_____	_____
_____	_____
_____	_____
_____	_____
_____	_____
_____	_____

11. El pecado de Israel fue creer que solamente por el _____, hecho por pura gracia, ellos tenían _____ ante Dios. Nosotros cometemos el mismo pecado si pensamos que seremos salvos únicamente por nuestra _____.

12. En aquel día Dios nos preguntará si hicimos su voluntad o no.

　　☐ Cierto　　☐ Falso

13. Si no son seguras ni la confesión ni la obediencia misma entonces ¿de que depende nuestra salvación? _____ _____.

CAPÍTULO 20

LA CONCLUSIÓN

1. Lo único que Cristo quiere es que interpretemos el sermón de monte.
   ☐ Cierto   ☐ Falso

2. «Te he conocido», me pone en acción, en obediencia. Me pone a edificar mi casa sobre la roca. La única respuesta que Jesús espera desde la eternidad a esta palabra es la acción.
   ☐ Cierto   ☐ Falso

3. Cualquier otra cosa que se haga con las palabras de Jesús en lugar de obedecerlas, no funcionará.
   ☐ Cierto   ☐ Falso

CAPÍTULO 21

LA COSECHA

1. Jesús quiso aislarse de la gente e impartirles a sus discípulos las enseñanzas de un conocimiento superior y de una manera más perfecta de vivir.
   ☐ Cierto   ☐ Falso
2. Jesús encontró a su pueblo, al pueblo de Dios, maltratado no solamente por los romanos, sino también _____ _____.
3. El buen pastor lucha por su rebaño contra _____, el buen pastor no huye, sino que _____.

Conoce a todas sus ovejas por su nombre y las ama. Conoce sus necesidades y sus _____ _____. Él sana a la que está herida, da agua a la que está sedienta, levanta a la que está caída.

4. Los obreros son muchos, pero la mies es poca.
   ☐ Cierto   ☐ Falso
5. Construir mi casa en roca significa _____ _____ la palabra de Jesús.

CAPÍTULO 22

LOS APÓSTOLES

1. Los apóstoles no sólo reciben una palabra o una enseñanza, sino un _____.

2. ¿En dónde encontramos el número doce en la Biblia?

    * _____
    * _____
    * _____
    * _____
    * _____
    * _____

3. Escribe los nombres de los doce apóstoles de Jesús.

    * _____
    * _____
    * _____
    * _____
    * _____
    * _____
    * _____
    * _____
    * _____
    * _____
    * _____
    * _____

4. Judas no salió junto con los demás apóstoles para hacer la obra del ministerio que Jesús les ordenó: llevar las buenas nuevas.

    ☐ Cierto ☐ Falso

CAPÍTULO 23

EL TRABAJO

1. Los discípulos tienen garantía de eficacia tan sólo bajo el _____ de su Señor.

2. Como discípulos del Señor, somos libres para elegir qué o cómo hacer el trabajo.
   ☐ Cierto   ☐ Falso

3. Las obras de Dios no pueden hacerse sin una orden de Él primero, pues de lo contrario, se hacen sin promesa.
   ☐ Cierto   ☐ Falso

4. No es nuestro gran amor por nuestros hermanos lo que les da la salvación, no es nuestro amor por las misiones lo que los salva, sino que la salvación que ellos necesitan seguirá únicamente a los que cumplen con la misión cada uno de todo corazón se haya propuesto.
   ☐ Cierto   ☐ Falso

5. Los gentiles, estuvimos excluidos de recibir las Buenas Nuevas.
   ☐ Cierto   ☐ Falso

6. El mensaje y la eficacia de los mensajeros no es distinta a la de Jesucristo mismo porque ellos ahora _____.

7. Nuestra misión consiste en ministrar sin desear nada para uno mismo, ni posesiones, ni respeto, ni reconocimiento, ¡ni siquiera _____! pues toda la gloria pertenece al Señor que nos envió. Pues toda la gloria pertenece _____ _____ que nos envió.

8. ¿Por qué Jesús ordeno a sus discípulos no llevar nada con ellos (Mateo 10:9-10)? _____ _____ _____.

9. Los discípulos tenían que mendigar el pan para su sostenimiento.
   ☐ Cierto   ☐ Falso

10. El trabajo que Cristo dio a sus discípulos se trataba de una lucha por los corazones de los hombres, una renuncia a la _____, _____ a los bienes y _____ del mundo, con tal de poner la vida en servicio de los pobres, abusados y miserables de la tierra. Consiste en el anuncio del evangelio, en la lucha contra el diablo y en la _____ _____.

11. En algunas partes ya no existe la iglesia que ora y espera la venida del Señor.
    ☐ Cierto   ☐ Falso

12. ¿Por qué el Señor ordena que sus siervos permanezcan en el mismo hogar mientras estén en esa ciudad? _____ _____ _____ _____.

13. El mensaje que tenemos que llevar es muy simple y se puede decir de la siguiente manera: «El Rey está _____—y puede venir en cualquier momento—, ¿querrás subyugarte y recibirlo _____, o quieres que te mate y _____ _____?»

14. Si alguno no quiere recibir el mensaje simple que le decimos, tenemos que andar tras tal persona insistiéndole, hasta que se salve.
    ☐ Cierto   ☐ Falso

15. Para quien no quiera escuchar, el tal ha perdido su oportunidad, y el tiempo de la gracia ha pasado de largo y con esto ellos pronuncian su propia condena. Escribe (Hebreos 4:7): «_____».

16. ¿Por qué la salvación tiene que ser hoy mismo? _____.

17. Tenemos que dejar claro a los que nos escuchan que es urgente aprovechar el reino de Dios.
☐ Cierto ☐ Falso

18. Si el mensajero no es recibido en cierto lugar, ¿qué debe hacer? _____.

CAPÍTULO 24

EL SUFRIMIENTO DE LOS MENSAJEROS

1. Si al discípulo le va mal en alguna misión, esto significa que no fue enviado allí por Jesús.
   ☐ Cierto   ☐ Falso

2. La sabiduría de Dios jamás será producto del juicio humano, sino únicamente de _____ _____ de Dios.

3. Es la garantía del discípulo: que si se mantiene apegado sólo a la Palabra entonces siempre andará por el camino _____ _____.

4. Tenemos que buscar ser mártires por causa de la Palabra.
   ☐ Cierto   ☐ Falso

5. Si a Jesús llamaron diablo, ¡cuánto más _____ _____!

6. ¿Qué nos puede consolar cuando somos perseguidos por causa de Cristo? _____ _____ _____.

CAPÍTULO 25

LA DECISIÓN

1. Dios juzgará a los perseguidores y glorificará a _____.

2. Los seres humanos no pueden dañar a los discípulos de Jesús, pues su poder cesa con ____ _____.

3. El temor a la muerte física debe ser vencida con _____.

4. No es el juicio de los hombres, sino _____ _____; no es la ruina del cuerpo, sino la destrucción eterna _____ _____ lo que pone en juego el discípulo cuando _____ _____.

5. Quien teme a los hombres no teme a Dios y el que teme a Dios ya no teme a los hombres.
☐ Cierto ☐ Falso

6. Si caemos en manos de los hombres, si quedamos bajo el poder humano y éste es usado para causarnos sufrimiento e incluso la muerte, podemos estar seguros que esto proviene de Dios.
☐ Cierto ☐ Falso

7. El amor de Dios por el hombre significa la cruz y _____, pero también en Él, _____.

CAPÍTULO 26

EL FRUTO

1. Los discípulos son portadores de la presencia de _____.

2. Cuando los discípulos llegan a una casa que los recibe, ¿que traen consigo? _____ _____ _____.

3. El que recibe al profeta, compartirá su causa, su don y _____; el que recibe a un hombre justo recibirá la recompensa _____ _____, puesto ha participado en su justicia.

CAPÍTULO 27

CUESTIONES PRELIMINARES

1. Jesús no llamó a Lázaro que le siguiera; no le llamó a dejar su familia, su profesión y trabajo a fin de andar con él.
   ☐ Cierto ☐ Falso

2. Jesús ya no está presente físicamente, como lo estuvo en los tiempos de discípulos, ¿cómo puedo asegurar que el llamado fue de Cristo y no de mi propio sentir? _____
_____
_____
_____.

3. Si queremos escuchar el llamado de Cristo a seguirlo debemos escucharlo en donde Él mismo está: en la _____, a través de su _____ y el sacramento.

4. ¿Quién puede llamarnos al discipulado? _____.

5. El discipulado no se trata de la decisión de hacer esto o aquello, sino siempre de _____ _____ a Jesucristo.

6. Cristo habló a los discípulos en distinta manera que a nosotros por lo que ellos son privilegiados y en ventaja sobre nosotros.
   ☐ Cierto ☐ Falso

7. Los discípulos primero creyeron a la Palabra de Jesús y _____ a su mandato y luego le reconocieron como el _____.

8. Conocer a Cristo es reconocerlo como _____ _____ de mi vida, y este conocimiento incluye escuchar su voz llamándome a seguirle.

9. Mi llamado debería parecer a alguno de los discípulos de Cristo.
   ☐ Cierto ☐ Falso

10. Escuchando la _____, escuchamos a Cristo mismo.

CAPÍTULO 28

EL BAUTISMO

1. El bautismo no es una oferta que el hombre hace hacia Dios sino es la oferta que _____ _____ pues en el bautismo, el hombre se convierte en propiedad _____ _____.

2. El que es bautizado ya no pertenece _____ _____.

3. Nuestro viejo hombre tiene que ofrecer su ser en el altar para la muerte.
   ☐ Cierto   ☐ Falso

4. ¿Cuál es la única manera en que se puede dar muerte al viejo hombre? _____ _____ _____ _____ _____ _____.

5. ¿Qué relación tiene el bautismo en agua con la muerte del viejo hombre? _____ _____ _____ _____ _____.

6. El perdón del pecado no significa pasar por alto y olvidar, sino significa la muerte real del pecador y su separación del «gr. *apo*» pecado.
   ☐ Cierto   ☐ Falso

7. La misión del Espíritu Santo en los corazones de los creyentes es _____ la certeza de la presencia de Jesús, _____ _____: todo en la comunión íntima con el Espíritu.

8. Podemos bautizarnos cada año o cuando nos parezca bien.
   ☐ Cierto   ☐ Falso

9. ¿Qué dice Romanos 6:11? «_____ _____.

10. El mejor tiempo para ser bautizado es hasta que estemos en el lecho de muerte.
    ☐ Cierto   ☐ Falso

CAPÍTULO 29

EL CUERPO DE CRISTO

1. El apóstol Pablo nos dice que a través _____ _____ nos hemos convertido en _____ del cuerpo de Cristo.

2. La partida física de Cristo fue una perdida para nosotros.
   ☐ Cierto   ☐ Falso

3. La comunión que nosotros tenemos con Cristo es más _____, más plena y de _____ _____ pues ahora gozamos de su presencia en su cuerpo _____.

4. Dios aceptó toda la naturaleza humana, aun y lo enferma, pecaminosa y apóstata que era.
   ☐ Cierto   ☐ Falso

5. Es a través del cuerpo _____ que nosotros somos aceptados y obtenemos salvación.

6. Nos hacemos partícipes de la comunión del cuerpo de Cristo mediante dos sacramentos: _____ del Señor.

7. El bautismo es la incorporación del individuo a la unidad _____, y la cena del Señor es su _____ _____ dentro del cuerpo.

8. Une con una línea el versículo con la frase a que corresponde:
   * Ya no estamos en la ley   Rom. 7:5
   * Ya no estamos en la carne   2 Cor. 5:17
   * Sino estamos en Cristo   Rom. 2:12

9. Cristo está con nosotros solamente con su Palabra y su Espíritu.
   ☐ Cierto   ☐ Falso

10. Ser bautizado significa integrarse a la Iglesia y ser _____ del cuerpo de Cristo (Gálatas 3:28; 1 Corintios 12:13). De esta manera «estar en Cristo» significa estar en _____.

11. Convertirse en un nuevo hombre se traduce en convertirse en iglesia, es decir, un miembro del cuerpo de Cristo.
    ☐ Cierto   ☐ Falso

12. En Cristo ya no vivimos para nosotros mismos, sino que _____ en nosotros.

13. Ninguno [—andando en la carne—] estará dispuesto a sufrir por el bien de alguien más, ¡y menos aún para _____ _____!

14. Sin embargo, algo está claro: que el que sufre lo hace en el poder del cuerpo de Cristo, y lo hace en representación _____, en una acción vicaria.

15. ¿Qué versículo bíblico respalda la idea anteriormente mencionada? _____.

16. Cita 2 Corintios 4:10: «Llevando en el cuerpo siempre por todas partes _____ _____ _____ _____».

17. Cristo está «con nosotros» no solo mediante su Palabra y su Espíritu, sino mediante _____ _____.

18. Estamos acostumbrados a pensar en la iglesia como una institución, sin embargo, la iglesia debe visualizarse como una _____ —presente y corporal—, como un _____ _____.

19. La iglesia está _____ con Cristo, pero Cristo se distingue como _____ e independiente de ella.

20. Cada uno de los miembros de la iglesia conserva su identidad.
    ☐ Cierto   ☐ Falso

21. La promesa dada al rey David: que uno de su simiente construiría la casa, y que su simiente sería eterna fue cumplida en su hijo Solomon.
    ☐ Cierto   ☐ Falso

22. El templo indestructible que Israel espera es el _____.

23. Dios encuentra al hombre en el _____ de Cristo, y el hombre es _____ por Dios en el cuerpo de Cristo.

CAPÍTULO 30

LA COMUNIDAD VISIBLE

1. El Hijo de Dios encarnado no sólo necesita oídos y corazones, sino también _____ _____ que le _____.
2. A fin de pertenecer al compañerismo de Jesús, los discípulos tuvieron que renunciar _____, _____ y ser perseguidos.
3. La unidad entre nosotros y la primera iglesia se establece mediante la palabra de los apóstoles.
   ☐ Cierto ☐ Falso
4. Tanto en el bautismo como en la cena del Señor se proclama la _____ por nosotros.
5. En el bautismo nos convertimos en _____ _____, mientras que en la cena del Señor, se confirma la comunión con los _____ _____.
6. La iglesia aquí en la tierra esta para reinar.
   ☐ Cierto ☐ Falso
7. El Espíritu Santo da a cada uno sus dones y ministerios para servir ¿en dónde? _____ _____.
8. Al descubrir que una doctrina enseñada es herejía, ¿qué debe hacerse? _____ _____ _____ _____ _____ _____.
9. La proclamación de la Palabra Pura debe traer _____ y estar visiblemente _____ del mundo.
10. El hombre, con toda su vida física, pertenece a _____, _____ que por su causa aceptó llevar un cuerpo humano.
11. Donde hay un miembro también está _____ _____, y donde está el cuerpo, también está _____.
12. No existe un área de la vida en la que el miembro deba o pueda _____ el cuerpo. Dondequiera que uno esté, haga lo que haga, eso sucede en _____, en _____, en Cristo.
13. Llena la tabla de comparación:
* *Busca ganancias*
* *Explota*
* *Se despoja de sí mismo*
* *Testifica la verdad*
* *Renuncia a las ganancias*
* *Oprime*
* *Practica misericordia*
* *Rechaza la justicia*
* *Se ampara en mentiras*
* *Endereza a su hermano*

El mundo	El cristiano

14. ¿En qué dos consuelos se puede regocijar el esclavo?

A) _____.

B) _____
_____.

15. ¿Qué posición deberá tomar un cristiano ante las autoridades terrenales? _____
_____.

16. Si el cristiano se porta bien y de todos modos sufre de las autoridades esto es suficiente razón para ya no obedecerles, pues se han vuelto corruptas.
    ☐ Cierto ☐ Falso

17. Si las autoridades se equivocan y actúan mal con el cristiano, esto no puede _____
    _____: es libre y vive sin _____, se trata de un _____
    _____.

18. Menciona dos de los sufrimientos que el apóstol Pablo sufrió de las autoridades injustamente:
    _____.

19. Los cristianos no deben sufrir por ninguna razón fuera de esta: _____
    _____.

20. Lutero regreso al mundo debido a una evaluación más positiva de este.
    ☐ Cierto ☐ Falso

21. El regreso de Lutero al mundo secular representa su protesta en contra de la secularización _____
    _____ dentro _____
    _____.

22. Este mundo no necesita reformas, sino más bien, está listo _____
    _____.

23. Menciona cuatro profesiones que se consideraban incompatibles con la cristiandad en los tiempos de la iglesia primitiva: _____
    _____
    _____
    _____
    _____.

24. Separa en la tabla:
    * Se casan; lloran y se alegran
    * Trabajan
    * Compran y comercian

LA GENTE DEL MUNDO	COMPARANDO CON LOS CRISTIANOS
	Lo que tienen es a través de Cristo, en Cristo y para Cristo, por tanto nada les ata
	Solo para las necesidades de la vida diaria, no tienen tesoros acumulados
	Para ganarse la vida y para tener que dar a sus hermanos en necesidad

25. En el sufrimiento, la iglesia es paciente y feliz, y se enorgullece _____.

CAPÍTULO 31

LOS SANTOS

1. ¿Cuál es el fruto de la muerte de Cristo de acuerdo a Romanos 6:19-22? _____.
2. Así como Dios mismo es santo y está separado de cualquier cosa inmunda y del pecado, así también _____ dentro del santuario.
3. La separación del pecador del pecado tan sólo es posible mediante _____.
4. La justificación del pecador se basa en esto: que sólo Dios es justo y que el pecador es _____ _____.
5. Une con una línea:
   La justicia de Dios es
   Cristo mismo   Isaías 7:14
   «Dios con nosotros»
     «Emanuel»   Jeremías 33:16
   Dios, justicia nuestra   1 Corintios 1:30
6. ¿Cuál es El instrumento por el cual somos incorporados al cuerpo de Cristo, es decir, a su muerte y a su resurrección? _____.
7. ¿Porque nos bautizamos solamente una vez? _____ _____ _____ _____.
8. La separación _____ se logra a través de la muerte del pecador _____.
9. A los cristianos en el Nuevo Testamento sólo se les llama «pecadores» porque no hay ningún cristiano sin pecado.
   ☐ Cierto   ☐ Falso
10. En el Nuevo Testamento a los cristianos se les llama _____.
11. Llene los blancos:

A) La _____ - es el medio por el cual nos ha sido otorgada la salvación en el pasado - el creyente se coloca en un estado de comunión con Jesucristo - el asunto principal tratado es la posición del hombre ante la ley - incorpora al individuo a la iglesia - arrebata al creyente de su pasado pecaminoso.

B) La _____ - es la promesa de la operación de Dios —tanto presente y como futura— en nosotros - el creyente se conserva en Cristo y en la Iglesia – se trata de nuestra separación del mundo al tiempo que esperamos el regreso de Cristo - preserva a la iglesia unida - lo mantiene con Cristo, en fe.

12. La santificación es la recreación del nuevo hombre, y la justificación lo preserva hasta el día de Jesucristo.
    ☐ Cierto   ☐ Falso
13. El cumplimiento de la santificación es una realidad mediante la labor _____ _____ en nosotros.
14. ¿En qué consiste la santificación de la Iglesia? _____ _____.
15. ¿Cuál significado triple tiene la santificación de la Iglesia?
A) *Que su santificación debe ser demostrada* _____ _____;
B) *Que su santificación se demuestra en una* _____ _____;
C) *Que su santificación debe estar escondida* _____ _____.

16. Para explicar el primer punto debemos decir que la santificación verdadera únicamente es posible dentro de la comunidad cristiana.
    ☐ Cierto ☐ Falso
17. La ética política de la Iglesia de Jesucristo se basa en la Palabra de Dios la cual reclama que toda la tierra y sus habitantes _____ _____.
18. La santificación fuera de la Iglesia visible es _____ _____ y es un desprecio por la comunidad cristiana, porque quiero ser santo _____, sin los hermanos.
19. La Iglesia de Cristo está en la lucha constante para que _____ no se rompa. Es una lucha por evitar que el mundo se convierta _____ y que la Iglesia _____ _____.
20. ¿Qué tenemos que recordar diariamente para que la santificación se efectúe en la iglesia, basado en 1 Corintios 6:11? «_____ _____ _____ _____ _____».
21. Tenemos que recordar que ya estamos muertos para el mundo y para la carne, pues hemos sido _____ por medio de bautismo. El pecado ya no puede reinar en nosotros porque _____ _____. «El que es nacido de Dios no practica el pecado» (_____).
22. ¿Por qué a los cristianos ya no se les debe llamar «pecadores»? _____ _____ _____ _____.
23. Menciona las obras de la carne enlistadas en Gálatas 5:19-21: _____ _____ _____ _____ _____ _____ _____.
24. ¿Qué sucederá con aquellos que practican tales pecados? _____ _____.
25. Nuestra comunión con el cuerpo martirizado y trasfigurado de Cristo nos libera de _____ _____ y de la _____ en nuestra vida corporal: los deseos físicos animales _____ todos los días al permanecer en esta comunión.
26. ¿Con que pecado está asociada la codicia? _____. ¿Qué es común para ambos males? _____.
27. El fornicario desea poseer al _____ _____, mientras que los codiciosos buscan la posesión de _____.
28. ¿Por qué la fornicación y la codicia son idolatría? _____ _____ _____.
29. ¿Cuál es la fuente de las contiendas, el odio, la envidia, el homicidio? _____ _____.
30. El fruto es siempre algo milagrosamente creado, no es el producto de nuestra voluntad, sino algo que crece de por sí. El fruto del Espíritu es un don que sólo Dios puede dar.
    ☐ Cierto ☐ Falso
31. Aprende y escribe de memoria el fruto del Espíritu (Gálatas 5:22-23): «Mas el fruto del Espíritu es _____ _____ _____».

32. Así como la separación de la iglesia del _____ es una lucha perpetua, así la santificación personal consiste en una lucha del Espíritu contra _____, ésta es una lucha _____ en el individuo.

33. En el perdón ya no reconocen al que los lastimó, sino ven _____.

34. La disciplina eclesial tiene el fin de crear una comunidad perfecta.
    ☐ Cierto   ☐ Falso

35. ¿Cuál es el enfoque de la disciplina eclesial? _____.

36. ¿Qué sucede cuando confesamos nuestros pecados ante un hermano (otro cristiano)? _____.

37. La disciplina dentro de la comunidad es un antídoto para _____.

38. Si solamente tu conociste de un hermano que vive en pecado, debes revelar su pecado inmediatamente.
    ☐ Cierto   ☐ Falso

39. ¿Qué se debe hacer al conocer del pecado del hermano? _____.

40. ¿Para que necesitamos disciplina de acuerdo a 1 Timoteo 1:20? _____.

41. ¿Cual es el objetivo de la disciplina ejercida por la congregación? _____.

42. Sólo la iglesia que vive en _____ será salva de la ira en el día de Jesucristo; porque el Señor juzgará según _____ y no hará _____ de personas. Toda obra será revelada, y Él dará a cada uno «según lo que haya hecho en el cuerpo, sea bueno o sea malo» (2 Corintios 5:10; Romanos 2:6ss; Mateo 16:26).

43. ¿Quién llegará al reino de los cielos? Aquellos que sean encontrados como hacedores de buenas obras. No los oidores, sino los hacedores de la ley son quienes serán justificados (Romanos 2:13).
    ☐ Cierto   ☐ Falso

44. Tenemos que hacer buenas obras como medio para justificar las malas obras.
    ☐ Cierto   ☐ Falso

45. Todas nuestras buenas obras son sólo las buenas obras de Dios, para las cuales Él nos ha preparado antes. Dios mismo las hace a través nuestro.
    ☐ Cierto   ☐ Falso

46. Debido al avance en nuestra buena conducta, existe la tendencia a sentirnos _____ y a jactarnos; no obstante, antes bien, debemos _____, arrepentirnos y reconocer que nuestras obras humanas son como trapo de inmundicia hasta el final [Isaías 64:6].

CAPÍTULO 32

LA IMAGEN DE CRISTO

1. El último destino del discípulo es convertirse en alguien _____.
2. La imagen de Jesucristo da forma a la imagen del discípulo en _____.
3. El misterio del hombre creado consiste en que el hombre, quien es una creatura, debe ser, sin embargo, _____, él debe llevar _____ del Dios no creado y así ser _____.
4. ¿En qué consistió la mentira de la serpiente? _____ _____ _____.
5. Adán quiso llegar a ser —por sí mismo— lo que Dios ya le había hecho.
   ☐ Cierto   ☐ Falso
6. El hombre fue creado originalmente para ser la imagen (el reflejo) de Dios.
   ☐ Cierto   ☐ Falso
7. El hombre en su afán por crear de él su propio dios, ha terminado por tener más la imagen de _____.
8. La imagen de Dios debe ser restaurada en el hombre y para eso se necesitaba un cambio de forma (transformación) que tiene lugar cuando el hombre caído _____ _____.
9. Nosotros mismos tenemos que transformarnos a la imagen de Cristo.
   ☐ Cierto   ☐ Falso
10. La imagen de Cristo busca _____ _____, quiere _____.
11. Cristo se volvió en hombre para que el hombre _____.
12. De aquí en adelante quien ataca al menor de los seres humanos ataca a Cristo, quien tomó la forma humana y en quien la imagen de Dios ha sido restaurada.
    ☐ Cierto   ☐ Falso
13. El cristiano está muerto para _____ y _____ está muerto para él (Gálatas 6:14).
14. Es dentro del _____ que nos volvemos «como Cristo».
15. Une con una línea la frase con su versículo bíblico. Si Cristo lleva su verdadera vida en nosotros, nosotros podemos:

    «andar como Él anduvo»   Juan 13:15
    «hacer lo que Él ha hecho»   Efesios 5:5
    «amar como Él ha amado»   Colosenses 3:13
    «perdonar como Él ha perdonado»   1 Juan 2:6
    «tener el mismo sentir que Él tuvo»   1 Pedro 2:21
    «seguir su ejemplo y sus pisadas»   Filipenses 2:5
    «poner nuestras vidas por los hermanos»   1 Juan 3:16

16. ¿De quién se puede decir que se ha convertido en la imagen de Dios? _____ _____ _____ _____.
17. Escribe Efesios 5:1: «_____ _____ _____».

www.ingramcontent.com/pod-product-compliance
Lightning Source LLC
Chambersburg PA
CBHW081757100526
44392CD00015B/2466